Vicki Bennett

Die Traumschaukel

HERDER / SPEKTRUM

Band 4693

Das Buch

Wie können Kinder erreichen, was sie möchten? Was ist, wenn es mit dem Radfahren nach so vielen Versuchen nicht klappt? Oder wenn das Lesen noch immer nicht so flüssig ist? Oft verkrampfen sich Kinder, wenn sie etwas unbedingt wollen. Und oft geben sie resigniert auf. Vicki Bennett stellt hier eine Methode vor, die Kindern effektiv hilft, ihre Träume zu verwirklichen: Phantasiereisen, die das Thema aufgreifen, das das Kind beschäftigt, können ganz konkret helfen, das Ziel zu realisieren. In der Vorstellungswelt von Kindern gibt es keine Grenzen oder Beschränkungen. Ihre Phantasiebilder sind lebendig und unmittelbar, und sie steigern die Kreativität und Konzentrationsfähigkeit. In der Phantasie können Kinder sich auch einen sicheren Ort schaffen, an dem sie sich wohl und entspannt fühlen. Vicki Bennett regt dazu an herauszufinden, wo und wie sich Kinder am wohlsten fühlen, was ihr „Lieblingsort" ist. Bei ihrer Phantasiereise an den Lieblingsort können Kinder sich vorstellen, wie sie ein Problem lösen oder etwas schaffen, was sie schon lange können möchten – und sich dann in der Realität daran erinnern, wie sie das in ihrer Vorstellung geschafft haben. Wie wirksam Visualisierungen und Phantasiereisen sind, zeigen auch die Beispiele des mentalen Trainings von Sportlern, die so zu ihren Leistungen kommen.

Vicki Bennett stellt in diesem Buch die schönsten und erfolgreichsten Phantasiereisen vor, die sie in ihrer langjährigen Arbeit mit Kindern erfolgreich erprobt hat: von der „Traumschaukel" bis zum „Flug über den Wolken". Ein Buch, das Kindern hilft, entspannt und kreativ ihre Ziele zu erreichen.

Die Autorin

Vicki Bennett hat langjährige Erfahrung in der Arbeit mit Kindern, bei denen sie ihre Phantasiereisen erfolgreich einsetzt.

Vicki Bennett

Die Traumschaukel

Wie Kinder mit Phantasiereisen ihre Ziele erreichen

Mit Illustrationen von Penny Lovelock

Aus dem Englischen
von Angelika Dörr

Herder

Freiburg · Basel · Wien

Titel der australischen Originalausgabe:
Making Dreams Come True
Visualisations and practical exercises to help
children set and achieve their goals
A Hodder & Stoughton book
Text Copyright © Vicki Bennett, 1996
Illustrations Copyright © Penny Lovelock, 1996

Gedruckt auf umweltfreundlichem,
chlorfrei gebleichtem Papier

Deutsche Erstausgabe
Alle Rechte vorbehalten – Printed in Germany
© Verlag Herder Freiburg im Breisgau 1999
Satz: DTP-Studio Helmut Quilitz, Denzlingen
Herstellung: Freiburger Graphische Betriebe 1999
Umschlaggestaltung: Joseph Pölzelbauer
Umschlagmotiv: © Bavaria Bildagentur
ISBN 3-451-04693-8

Die Traumschaukel

**Einfache Visualisierungen und praktische
Übungen, die Kindern helfen,
sich Ziele zu setzen und diese auch
zu erreichen.**

*Als ich klein war, erfand ich mir vor
dem Einschlafen einen sicheren Ort, an dem
ich meinen Träumen nachhängen konnte.
Ich stellte mir einen ganz besonderen Garten
vor. Mein ganzes Leben hindurch hat mir
dieser Garten geholfen, Probleme zu lösen
und mich zu mögen und gut zu fühlen.
Zur Schlafenszeit ließ ich meine Kinder mit
in diesen Garten gehen, und er hat auch
ihnen – und Tausenden von anderen Kindern,
die ihn benutzen – geholfen zu lernen
und zu lieben.*

VICKI BENNETT

Inhalt

Jetzt bist du dran

Dinge erreichen, von denen man träumt

Dein eigenes Traumparadies

Träume wahr werden lassen

Es ist nie zu spät,
eine glückliche Kindheit zu haben.

TOM ROBBINS

Wie Träume wahr werden können

Dieses Buch ist sowohl für Erwachsene als auch für Kinder gedacht. Durch Phantasiereisen (die auch „kreative Visualisierungen" genannt werden) und indem Sie sich Ziele setzen, können Sie Ihre eigenen Träume wahr werden lassen und auch Ihre Kinder dabei unterstützen das zu erreichen, was sie sich wünschen. Phantasiereisen können Erwachsenen wie Kindern gleichermaßen helfen. Kinder benutzen ihre Vorstellungskraft, um auf kreative Weise zu spielen und zu lernen. Häufig verstehen Erwachsene die imaginären Freunde ihrer Kinder oder ihre verwickelten und komplizierten Spiele nicht. Das liegt daran, daß Erwachsene vieles aus ihrer eigenen Kindheit vergessen haben; sie sind eben erwachsen geworden. Suchen Sie das Kind in sich, um Visualisierungen in Ihrer Phantasie lebendig zu halten! Ihre Phantasie ist etwas Wertvolles, das Sie Ihr ganzes Leben lang nutzen können – ob als Kind, in der Pubertät oder als Erwachsener.

Erwachsene können sehr viel von Kindern lernen, denn die Phantasie von Kindern ist quicklebendig und aktiv. Kinder sind von Natur aus positiv eingestellt und denken nicht darüber nach, warum sie etwas nicht tun können, oder warum bestimmte Dinge nicht zu ändern sind – sie packen es einfach an.

In der Phantasie eines Kindes gibt es keine Grenzen und Schranken.

Phantasiereisen: Was ist das eigentlich?

Eine Phantasiereise zu unternehmen bedeutet, sich etwas, was man sich wünscht, in lebhaften Bildern auszumalen und immer wieder darüber nachzudenken. Eine Phantasiereise ist ein Traum, den Sie aktiv träumen, während Sie wach sind.

Wählen Sie sich eine Zeit, zu der Sie Ihre Phantasie uneingeschränkt schweifen lassen können – die Zeit vor dem Schlafengehen ist ideal. Beginnen Sie damit, daß Sie sich einen Ort aussuchen, an dem Sie sich wohlfühlen – einen Ort in Ihrer Phantasie, vielleicht einen Garten oder einen Regenwald. Die Wahl des richtigen Ortes ist wichtig – das Beste ist für Sie gerade gut genug. Beginnen Sie damit, sich die einzelnen Details Ihres Ortes auszumalen, bevor Sie sich das Gefühl oder das Verhalten vorstellen, das Sie erreichen wollen.

Phantasiereisen sind eine wertvolle Hilfe, denn sie schaffen einen wunderbar uneingeschränkten Ort in der Phantasie, an den sich Kinder und Erwachsene zurückziehen können, um Probleme zu lösen. Diesen Ort zu schaffen und aufzusuchen ist eine beruhigende Technik, bei der Sie Ihre Ängste loslassen können. Sie können Ihren Phantasie-Ort aufsuchen, wenn Sie Trost brauchen. Dort können Sie die Vergangenheit hinter sich lassen und sich in die Zukunft orientieren. Es ist ein Ort, an dem Sie nichts bewerten müssen, an dem Sie Vergebung und Toleranz üben können. Es ist sowohl ein Ort, den Sie sich aktiv vorstellen, aber gleichzeitig auch eine Zufluchtsstätte.

Ein Phantasie-Ort kann auch in den turbulenten und anstrengenden Zeiten des Heranwachsens aufgesucht werden, denn Phantasiebilder kommen aus dem Inneren eines Menschen und brauchen nichts Künstliches oder von außen Hinzugefügtes, um Probleme zu lösen oder Ängste zu zerstreuen.

Darüber hinaus regt Visualisierung die Kreativität an. Durch Visualisierungen können Sie Zugang zu Ihrem kreativen Denken finden und lernen Alltagsprobleme auf vielerlei Arten zu lösen.

Setzen Sie sich Ziele

Sich Ziele zu setzen ist der zweite Teil der Aufgabe, Träume wahr werden zu lassen. Es ist der Schlüssel dafür, daß Phantasiereisen Erfolg haben. Setzen Sie sich realistische Ziele, bevor Sie beginnen, sich etwas kreativ in Ihrer Phantasie vorzustellen. Sie helfen sich damit selbst bei der Auswahl der Vorgehensweisen, die Sie zum Erreichen Ihrer Ziele brauchen.

Sich Ziele zu setzen bietet den idealen Ausgleich zwischen der Phantasie und dem tatsächlichen Handeln oder dem Traum und dem tatsächlichen Resultat. Es gibt Ihnen den Rahmen vor, innerhalb dessen Sie Ihrer Phantasie freien Lauf lassen können. Die Visualierungsübungen regen Ihre Phantasie an, die Übungen zur Definition von Zielen ihre aktivere analytische Seite.

Wenn Sie erst einmal mit dem Visualisieren vertraut sind, ist der Funke Ihrer Phantasie auf Ihre Träume übergesprungen.

In diesem Moment fangen Sie an, Ihre Träume deutlicher zu strukturieren, indem Sie sich Ziele setzen. Dies ist genauer beschrieben unter der Überschrift „Dinge erreichen, von denen man träumt" auf Seite 85. Wenn Sie sich Ihre Ziele gesetzt haben, schreiben Sie sie auf, und zeichnen Sie ein Bild vom gewünschten Resultat. Sie selbst entscheiden, welche Vorgehensweise Sie wählen, um Ihren Traum zu verwirklichen, und setzen sich einen Termin, zu dem Sie sich die Umsetzung Ihres Traumes erhoffen.

Das Planen und Aufschreiben Ihrer Ziele trägt genausoviel zum Gelingen Ihres Vorhabens bei, wie die Phantasiereisen.

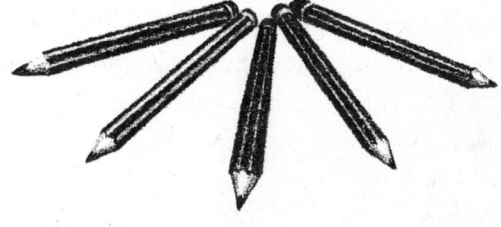

Für Erwachsene

*Der Weg, der uns vorwärts trägt,
ist auch der Weg,
der uns nach innen trägt.*

COLIN WILSON

Kinder, die regelmäßig Phantasiereisen anwenden, sind normalerweise gesund; sie können sich gut konzentrieren und zeichnen sich dadurch aus, daß sie die Verantwortung für ihr Handeln übernehmen und sehr kreativ sind.

Manchmal brauchen Kinder einen ruhigen Platz nur für sich alleine, an dem nichts schiefgehen kann. Sie können diesen besonderen Ort mit Hilfe ihrer Phantasie finden. Vielleicht stellen Sie sich einen Garten, einen Strand, eine Höhle, ein Flußufer, einen Regenwald oder einen anderen phantastischen Ort vor, der für sie etwas Besonderes sein könnte.

Phantasiereisen schaffen eine wunderbare Umgebung, in der Erwachsene und Kinder wachsen und lernen können. Wenn Sie Kindern beibringen, sich einen positiven Ort vorzustellen, an dem sie Probleme lösen können, helfen Sie ihnen, Ruhe zu finden. Wenn Sie die Phantasiereisen zur Schlafenszeit anwenden, werden die Kinder danach friedlich einschlafen.

Manche Kinder wissen bereits, wie sie ihre Phantasie zum Visualisieren einsetzen können. Eine Phantasiereise zu unternehmen bedeutet, mit geschlossenen Augen zu träumen, während man wach ist. Es bedeutet, seine Wünsche in Bilder umzusetzen, die man vor seinem inneren Auge sieht.

Wenn Ihre Phantasie ständig wieder an Ihren Wunsch erinnert wird und um Ihren Traum kreist, wird er schließlich wahr werden, und Sie werden Ihr Ziel erreichen. Deshalb ist das Kapitel über das Setzen von Zielen unter der Überschrift „Dinge erreichen, von denen man träumt" auf Seite 85 eine wichtige Hilfe für die Gestaltung der Zukunft. Beim Zielesetzen und in den Phantasiereisen können Kinder beide Gehirnhälften benutzen und sich die Zukunft erschaffen, die sie sich wünschen. Die kreative Seite (rechte Gehirnhälfte) wird durch die Visualisierungsübungen angeregt und die praktische Seite (linke Gehirnhälfte) durch die Übungen zur Definition von Zielen.

Deshalb ist es wichtig, daß Ihre Kinder sich für ihren Traum einsetzen und ihre Ziele aufschreiben, nachdem Sie ihnen gezeigt haben, wie sie mit Hilfe ihrer Phantasie ihre Zukunft kreativ entwerfen könnten. Die Kinder müssen sich entscheiden, was sie tun wollen, um ihren Traum wahr werden zu lassen, und wann sie ihr Ziel erreichen wollen. Wenn sie dies alles aufgeschrieben haben, sollten Sie sie ermutigen, ein Bild von ihrem besonderen Phantasieort zu malen, auf dem auch das zu sehen ist, was sie erreichen wollen.

Lesen Sie ihren Kindern vor dem Einschlafen –
eine ideale Zeit, um Visualisierungstechniken anzu-
wenden – die Phantasiereisen aus diesem Buch
vor.

Wie Sie dieses Buch verwenden können

Dieses Buch ist in verschiedene Abschnitte aufgeteilt. Die ersten beiden Abschnitte „Träume wahr werden lassen" und „Für Erwachsene" sind für Erwachsene bestimmt. Den nächsten Teil des Buches können Erwachsene und Kinder gemeinsam lesen oder die Kinder können ihn alleine lesen.

Im Abschnitt „Jetzt alle zusammen" finden sich nähere Erklärungen zu den Zielen mehrerer Kinder. Sie können sie sich zwar gemeinsam mit Ihrem Kind durchlesen, sollten aber nicht zuviel Zeit damit verbringen, bevor Sie den Abschnitt „Dinge erreichen, von denen man träumt" gelesen haben, der die Definition von Zielen behandelt.

„Jetzt bist du dran" gibt Ihnen und Ihrem Kind die Möglichkeit, mit dem Träumen zu beginnen. Der Abschnitt bietet Ihnen eine Auswahl von Phantasiereisen, die Sie zusammen mit Ihrem Kind machen können oder die Ihr Kind, wenn es soweit ist, auch alleine durchführen kann.

Wie Phantasiereisen Eltern helfen können

Eltern erzählen mir oft, wie entspannend es ist, wenn sie nach einem anstrengenden Tag zusammen mit ihren Kindern „in ihren Garten gehen". Es belebt ihr manchmal überanstrengtes Denken und ermöglicht es ihnen, frisch und unverbraucht Zeit mit ihrem Partner zu verbringen.

Eine Mutter berichtete mir, wie sehr sich ihr Mann auf die Phantasiereisen mit den Kindern jeden Abend freue. Er würde dadurch ein ganz anderer Mensch, sei gelassen und ruhig, nachdem er seine „geheime Höhle" mit den Kindern besucht habe, bevor diese ins Bett gingen.

Wie Phantasiereisen Kindern helfen können

Dieses Buch bietet verschiedene Phantasiereisen. Wählen Sie gemeinsam mit Ihren Kindern diejenigen aus, die ihren derzeitigen Bedürfnissen am meisten entsprechen. Jede Phantasiereise hat ein anderes Thema und einen anderen Schwerpunkt. Sie alle helfen Kindern, neue Dinge zu lernen und ihr Selbstvertrauen aufzubauen.

Wenn Sie Ihren Kindern beibringen, die eigenen Ziele zu definieren und sich in ihrer Phantasie vorzustellen, wie sie diese Ziele erreichen, geben Sie ihnen eine wertvolle Fähigkeit fürs Leben mit. Sie werden erleben, was für eine Freude es ist, ihr Kind zur Schlafenszeit sagen zu hören: „Bitte, bring mich zu meinem geheimen Ort."

Und jetzt alle zusammen

Komm in meinen Traumgarten,
über die Brücke aus Schlaf...

DENISE LINN

Erfolgsgeschichten

Ich habe Hunderten von Kindern beigebracht, wie man sich Ziele setzen kann und wie Phantasiereisen funktionieren. An eine Gruppe von Siebenjährigen kann ich mich besonders gut erinnern. Sie hatten mich in ihr Klassenzimmer eingeladen, und ich saß auf einem ihrer kleinen, niedlichen Stühle. Ich bat sie, sich einen wunderschönen Garten vorzustellen, die Farben des Himmels und der Bäume vor sich zu sehen und zu einer großen einladenden Schaukel hinüberzugehen. Diese Schaukel war bedeckt von ineinander verschlungenen weißen Blumen, und als sie sich setzten und sich an den Seilen festhielten, stieg ihnen eine Wolke von Blumenduft in ihre kleinen Nasen.

Ich bat die Kinder, so kräftig oder so sachte zu schaukeln, wie sie wollten und erklärte ihnen, daß die Schaukel verstehen würde, was sie sich wünschten und es ihnen auf magische Weise gewähren würde.

Jedes Mal, wenn sie sich aufschwangen, ließen sie all ihren Ärger hinter sich und fühlten sich mit jedem Auf- und Abschwingen besser. Ihr Schaukeln wurde durch nichts begrenzt, sie konnten tun, was immer sie wollten.

Mir fiel auf, daß eines der Mädchen, Rose, vor Vergnügen lachte, während sie diese Übung durchführte. Ich fragte sie später, was so lustig gewesen sei. Rose sagte, sie konnte mit der Schaukel so hoch schwingen, daß sie sich an der höchsten Stelle in einem Looping überschlug und daß ihr das so viel Spaß gemacht hatte, daß sie vor Vergnügen quietschte. Phantasiereisen sind also in keiner Weise begrenzt. Sie können sich in Ihrer Phantasie alle möglichen abenteuerlichen oder aufregenden Dinge vorstellen. Im folgenden finden Sie einige Geschichten von Erfolgen, die Kinder erreicht haben, indem sie sich Ziele setzten und sich auf eine Phantasiereise begaben.

Tammie

Meine Tochter Tammie hatte, als sie sechs Jahre alt war, ein Fahrrad zu Weihnachten bekommen. Es fiel ihr sehr schwer zu lernen, damit zu fahren. Ich nahm sie also einige Male mit in den Park und zeigte ihr, wie man radfährt. Tammie war ein bißchen ängstlich, und es fiel mir nicht leicht, ihr zu helfen, denn sie wollte eigentlich gleich ganz alleine fahren. So verließen wir beide den Park jedes Mal frustriert und unglücklich, weil Tammie immer noch nicht mit ihrem Rad fahren konnte. Eines Abends sagte ich Tammie, daß wir eine Woche lang etwas anderes ausprobieren würden. Anstatt im Park zu üben, würden wir einen Garten in unserer Phantasie schaffen und dort üben. Und so machten wir es auch.

Anstatt im Park zu üben, benutzte Tammie ihre Phantasie. Sie schrieb sich ihr Ziel – Radfahren – auf und malte dann ein Bild, auf dem sie selbst zu sehen war, wie sie auf ihrem Rad fuhr. Jeden Abend zur Schlafenszeit übte sie nun in ihrer Phantasie. Die Vorstellung wurde ihr besonderer Ort für all ihre Ziele, ihr Phantasiegarten.

Jeden Abend vor dem Einschlafen bat ich Tammie, die Augen zu schließen und sich einen wunderschönen Garten ganz lebhaft vorzustellen, sich in ihrer Phantasie auszumalen, wie der Garten aussah. Sobald sie ihn klar vor sich sehen konnte, bat ich Tammie, sich vorzustellen, daß auch ihr Fahrrad da war. Sie stellte sich vor, wie sie hinüberging, aufs Fahrrad stieg und einfach langsam damit losfuhr. Das tat sie eine Woche lang. Am nächsten Sonntag hatte Tammie das Gefühl, daß sie nun in ihrer Phantasie sehr gut mit ihrem Fahrrad zurechtkam. Sie entschloß sich, in den Park zu gehen und es noch einmal zu versuchen. Ich hielt beim Aufsteigen ihr Fahrrad hinten am Sattel fest, und als sie die Füße vom Boden nahm und auf die Pedale setzte, wußte ich, daß sie ihr Ziel erreicht hatte.

Sie fuhr und fuhr und fuhr, ohne auch nur einmal zu stürzen. Ihr Traum war Wirklichkeit geworden.

Sie verstand, wie einfach es sein konnte, neue Dinge in ihrem Phantasiegarten zu lernen, und sie kehrt noch immer sehr gerne jede Nacht dorthin zurück.

Tammie ist nun schon groß, aber wenn sie zu Bett geht, freut sie sich sehr darauf, sich in ihren Garten oder an ihren besonderen Ort zurückzuziehen, um über all ihre Ziele nachzudenken, denn sie weiß, sich Ziele zu setzen und in der Phantasie auszuprobieren, funktioniert tatsächlich.

Ziel und gemaltes Bild des Zieles	Was will ich tun, um mein Ziel zu erreichen?	Wann möchte ich mein Ziel erreichen?
alleine radfahren können	jeden Abend in meiner Phantasie üben, mit dem Rad zu fahren und dabei tapfer zu sein	nächste Woche

Cassie

Cassie benutzte Phantasiereisen vor dem Einschlafen schon seit sie klein war. Sie hatte damit schon sehr viel erreicht, war ihren Babyspeck losgeworden, hatte Freundschaften geschlossen, ihre Schulleistungen gesteigert und sich beim Schwimmen verbessert.

Mit fünfzehn Jahren beschloß Cassie, daß sie in der ersten Achtermannschaft ihrer Schule mitrudern wollte. Bis dahin hatte sie noch nicht einmal in einem Boot gesessen. Sie wünschte es sich so sehr, daß sie an nichts anderes mehr denken konnte. Sie schrieb sich also ihr Ziel in ihrem Traumbuch auf und arbeitete einen Plan aus, nach dem sie ihre Kondition steigern konnte.

Jeden Abend vor dem Einschlafen stellte sie sich vor, wie sie mit ihrer Mannschaft im Boot saß und kräftig und schnell den Fluß hinunter ruderte. Sie sah das Holz des Bootes vor sich, die Tiefe des Flusses, den starken Rücken des Ruderers, der vor ihr saß, und auch den Ruderer hinter sich.

Sie fühlte den Druck der Riemen in ihrer Hand

und die Stärke ihres Körpers, während sie die Riemen durch das Wasser zog. Sie, die anderen Ruderer und der Fluß waren eine Einheit.

Cassie stellte sich diesen Traum über Wochen jede Nacht vor. Sie trainierte, um ihre Kondition zu steigern, sie bewarb sich schließlich für die Rudermannschaft.

Tatsächlich ruderte sie in diesem Jahr in der ersten Achtermannschaft für ihre Schule.

Ihr Traum wurde wahr.

Ziel und gemaltes Bild des Zieles	Was will ich tun, um mein Ziel zu erreichen?	Wann möchte ich mein Ziel erreichen?
in der ersten Achtermannschaft der Schule rudern	• trainieren, um fit zu werden • üben, mich in die Mannschaft einzugliedern • mein eigenes Training weiterführen • jeden Abend meine Phantasiereise machen	zu den Wettbewerben im Juni

Ben

Ben war erst fünf, aber ein echter Schwarzseher. Er
regte sich über alles so sehr auf, daß er jeden Morgen in einem nassen Bett aufwachte.

Das machte alles nur noch schlimmer, denn er
war ja schon ein großer Junge und ins Bett machen
war in seinen Augen nur etwas für ganz kleine Kinder. Seine Mutter beschloß, vor dem Schlafengehen
Phantasiereisen mit Ben zu machen. Ben stellte
sich also vor, daß er stark und glücklich wäre,
wunderbar mit seinen Freunden spielte und daß es
ihm leichtfiele, sich klar zu entscheiden, was er tun
wollte. Seine Mutter bat Ben auch, sich vorzustellen, am Morgen in einem trockenen Bett aufzuwa-
chen, froh aus dem Bett zu hüpfen und zu ihr zu
laufen, um ihr die Neuigkeit von seinem trockenen
Bett zu erzählen. Und natürlich auch, wie sehr sie
sich darüber freuen würde.

Es dauerte fünf Tage bis der Ablauf geändert war.
Nach nur fünf Tagen hatte Ben aufgehört, sein Bett
einzunässen und war sehr viel selbstbewußter und
glücklicher. Ben nutzt seinen geheimen Ort jetzt,

um alle möglichen Dinge zu tun. Er weiß ganz genau, daß er einen sicheren Ort hat, an den er sich zurückziehen kann, um das zu erreichen, wovon er träumt.

Ziel und gemaltes Bild des Zieles	Was will ich tun, um mein Ziel zu erreichen?	Wann möchte ich mein Ziel erreichen?
in einem trockenen Bett aufwachen	• üben, meine eigenen Entscheidungen zu treffen • mich selbst als stark und glücklich sehen • mir jede Nacht vorstellen, wie ich am Morgen in einem trockenen Bett aufwache und zu Mama laufe, um es ihr zu erzählen	an meinem Geburtstag

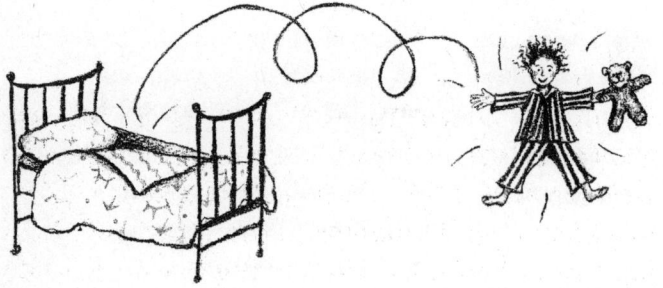

Sally

Schon vom ersten Tag an, an dem sie das Klassenzimmer betrat, wurde Catherine, die aus einem
fremden Land kam, von niemandem gemocht. Sie
hatte Angst vor der fremden Umgebung und davor,
die Außenseiterin zu sein und zeigte eine schroffe
Art, die jeden in der Klasse gegen sie aufbrachte.

Sally bekam den Auftrag, „der Neuen" die Schule
zu zeigen. Sally ist ein gutherziges Mädchen, das
sich immer für die Unterlegenen einsetzt. Alles,
was sie jedoch für Catherine tat, jede freundliche
Geste, wurde zurückgewiesen. Doch Sally gab nicht
auf. Eine Woche lang nutzte sie jede Nacht eine
Phantasiereise, um Catherine besser kennenzuler-
nen. Sie stellte sich vor, wie sie einträchtig mitein-
ander spielten, sich gegenseitig bei den Schulauf-
gaben halfen und gute Freundinnen wurden.

Jeder in der Klasse glaubte an ein Wunder, als Catherine plötzlich anfing, nett zu Sally und schließlich auch zu den anderen Schülern zu sein. Aber
Sally wußte, was geschehen war: Sie hatte im vor-
aus an Catherines Freundschaft geglaubt und in

ihren Träumen durch ihre Phantasiereisen die Umgebung geschaffen, in der sie wahr werden konnte.

Ziel und gemaltes Bild des Zieles	Was will ich tun, um mein Ziel zu erreichen?	Wann möchte ich mein Ziel erreichen?
Catherines Freundin sein	• nett zu Catherine sein, auch wenn sie unfreundlich ist	nächste Woche
Catherine dabei helfen, Freunde zu finden	• mir jede Nacht stellen, mit Catherine in meinem geheimen Garten zu spielen	nächste Woche

Jetzt bist du dran

Steh zu deinen Träumen,
denn wenn die Träume sterben,
ist das Leben nur noch ein Vogel
mit gebrochenen Flügeln,
der nicht fliegen kann.

LANGSTON HUGHES

Wie Phantasiereisen funktionieren

Jeder hat Phantasie. Wir nutzen sie, um uns Dinge auszudenken und um zu spielen. Daneben nutzen wir sie auch, um Dinge in der Wirklichkeit entstehen zu lassen. Alles, was wir erreichen, beginnt als Bild in unserer Phantasie, ebenso wie unsere Vorstellungen von uns selbst, von anderen und auch von Dingen, die wir noch vor uns haben. Die Art und Weise, wie wir uns Dinge vorstellen, hilft uns dabei, sie gut oder schlecht zu machen.

Wenn sich jemand vorstellt, wie er auf einer langen Fahrt im Auto reisekrank wird oder in einem Test schlecht abschneidet, dann kann das, was als Vorstellung beginnt, schnell damit enden, daß dem betreffenden Menschen wirklich übel wird oder er eine schlechte Arbeit schreibt. Manche Erwachsenen fühlen sich in schwierigen Situationen krank, weil sie als Kind vorgaben, krank zu sein, wenn sie eine bestimmte Aufgabe loswerden wollten. So mächtig ist die Phantasie.

Du siehst also, mit Hilfe deiner Phantasie kannst du zu einem Menschen werden, der sich in einem Auto wohlfühlt oder wirklich gut in der Schule ist, oder du kannst dir Mut machen, die Dingen, die du nicht magst anzugehen.

Viele Menschen nutzen Phantasiereisen

Es gibt sehr viele Menschen, die ihre Phantasie dazu benutzen, Krankheiten oder Leiden zu bekämpfen, und viele Sportler werden mit Hilfe ihrer Phantasie bessere Läufer, Fußballer oder Basketballspieler. Viele Kinder verbessern ihre schulischen Leistungen mit Hilfe ihrer Vorstellungskraft, kommen besser mit ihren Eltern oder Freunden aus und bekommen eine positivere Einstellung zum Leben.

Es gibt viele Phantasiereisen, die Sie mit ihren Kindern zusammen machen können, um die kreative Seite ihrer Persönlichkeit anzuregen.

Der geheime Garten

Ich bringe dich jetzt in deinen eigenen geheimen Garten. Dort kannst du deine Phantasie am besten einsetzen. Zuerst machst du es dir irgendwo richtig bequem, wo dich niemand stören kann und entspannst dich. Laß deine Arme und Schultern ganz locker und schließe langsam die Augen.

Spüre, wie du dich immer mehr entspannst und dich immer besser fühlst. Nun stell dir vor, wie du vor einem wunderschönen Gartentor stehst. Es ist in deiner Lieblingsfarbe gestrichen. Du gehst darauf zu ... und da öffnet es sich langsam.

Hinter dem Tor ist ein wunderschöner Garten, dein eigener geheimer Garten. Du kannst dir diesen Garten einrichten, wie du es gerne möchtest: Du siehst deine Lieblingsblumen und -bäume, der Himmel ist wunderbar klar und blau. Du siehst deine Lieblingstiere, vielleicht deinen Hund, deine Katze oder dein Pferd, und drüben in der Ecke steht eine wunderbare große Schaukel.

Auf der Schaukel liegen viele schöne weiße Blüten. Du setzt dich auf die Schaukel und schaukelst ohne Anstrengung und so hoch, wie du willst. Du brauchst niemanden, der dir Schwung gibt, denn in deinem geheimen Garten ist alles ganz einfach, und deshalb stößt sich deine Schaukel selbst an und bleibt stehen, wenn du es willst.

Jetzt möchte ich, daß du aufhörst zu schaukeln und im Garten umhergehst, dir die Blumen ansiehst. Riech an den verschiedenen Blumen und schau dir ihre unterschiedlichen Farben und Formen an.

Guck mal, da drüben, da ist ein stiller Fluß, dessen kaltes, klares Wasser leise sprudelnd über die Kiesel fließt. Streck deine Füße in das Wasser und fühle, wie kühl und weich das Wasser auf deiner Haut ist. Nun schau dich im Garten um und stell dir alles vor, was du in deinem Garten haben willst.

Erinnere dich an Zeiten, in denen du dich sehr

58

wohl gefühlt hast, denn genau so fühlst du dich hier auch. Achte darauf, wie gut sich dein Körper anfühlt. Wenn du an schöne Dinge denkst, fühlt dein Körper sich auch sehr gut an. Das Tolle ist: Wenn du dir schöne Sachen vorstellst, klappen die Dinge um dich herum in Wirklichkeit auch besser. Die Welt sieht freundlicher aus.

Wenn du innerlich glücklich bist, scheinen die Menschen netter zu dir zu sein. Die Aufgaben scheinen einfacher, und dir scheinen schönere Sachen zu passieren. Deshalb ist es sehr wichtig, zu lernen, wie du mit Hilfe der Phantasie alle schlechten Gefühle, die du hast, in gute Gefühle umtauschen und dich mit dir selbst und anderen Leuten wohler fühlen kannst.

Wenn du schlechte Gefühle bekommst (und die hat jeder ab und zu mal), kannst du sie in deinem geheimen Garten wieder loswerden. Geh hinüber zum Fluß und streck deine Füße ins Wasser. Sammle nun all diese schlechten Gefühle in deiner Mitte, in deinem Bauch und ziehe deinen Körper in deiner Vorstellung zu einer Kugel zusammen, halte den Atem an und zähle: eins … zwei … drei.

Jetzt atme aus und fühle, wie all die schlechten Gefühle aus deiner Mitte weggehen, durch deine Füße entweichen und vom Fluß mitgenommen werden. Das Wasser trägt deine schlechten Gefühle den Fluß hinunter … weit weg von dir.

Stell dir jetzt vor, daß es nicht weit vom Fluß weg, einen schönen schattigen Platz im Gras gibt. Du gehst hinüber und legst dich hin. Während du so daliegst, stellst du dir all die Dinge vor, die du in der Wirklichkeit gerne ändern würdest, um die Welt besser oder glücklicher zu machen.

Wenn du Schwierigkeiten mit dem Lesen hast, kannst du in deinem Garten fehlerfrei lesen. Wenn du Probleme mit den Hausaufgaben hast, dann geh hinüber zu deinem Schreibtisch in deinem Garten und schau dir zu, wie du deine Aufgaben einfach und völlig richtig erledigst und wie dein Lehrer dich anlächelt, weil er so zufrieden mit deiner Leistung ist. Alles ist ordentlich und richtig in deinem Hausaufgabenheft. Deine Handschrift ist in deinem Garten ganz flüssig und klar.

Jetzt denke an andere Dinge in deinem Leben, von denen du dir wünschst, daß sie anders wären.

60

Vielleicht möchtest du in einer Sportart besser werden, im Schwimmen oder beim Laufen, oder du wünschst dir einen neuen Freund oder einfach ein besseres Verhältnis mit jemand Besonderem. Wenn das so ist, dann möchte ich, daß du jetzt an das, was du dir wünschst, so denkst, als hättest du es schon bekommen oder könntest es schon wirklich gut.

In deinem Garten scheint die Sonne, und dir ist ganz warm – du glühst richtig vor Freude. Du fühlst dich leichter und freier. Steh jetzt auf und springe und laufe glücklich in deinem Garten herum.

Wenn du deine Phantasie auf diese Weise benutzt, um mit deinem Körper zu sprechen, funktioniert das tatsächlich.

Es ist jetzt Zeit zu gehen, und ich möchte, daß du zum Tor gehst. Du gehst, aber du weißt, daß du immer wieder hierher zurückkehren kannst, wenn du möchtest. Du kannst jeden Abend vor dem Einschlafen hierher kommen. Geh nun durch das Tor hindurch und mach es hinter dir zu. Du fühlst dich entspannt und froh und schläfst ein (oder öffnest langsam die Augen).

Regenwaldheilung

Es gibt viele verzauberte Gärten. Sie existieren in deinem Kopf und in deinem Herzen, und du kannst hingehen, wann immer du willst. Einer von meinen liebsten Zaubergärten liegt im Regenwald. Du mußt zu Fuß hingehen. Es ist unmöglich, ihn mit dem Auto zu erreichen, und deshalb bist du ein bißchen außer Atem, wenn du ankommst. Aber der schöne Spaziergang hat dir viel Spaß gemacht.

Du kannst die hohen scharfen Laute der exotischen Vögel hören, und du riechst die Blätter der Gummibäume, während du den ausgetretenen Pfad entlanggehst. Du riechst auch, daß Leute picknicken und an den Grillplätzen Feuer gemacht haben, auf denen sie ihre Würstchen und Steaks grillen.

Der Weg führt zu einer offenen Stelle, und du bist überrascht, als du in eine Schlucht hinuntersehen kannst. Die Hügel in der Nähe sind von Nebel umgeben, und die starken, hohen Bäume recken sich aus dem Regenwald empor und berühren beinahe den durchdringend blauen Nachmittagshimmel.

Du bist vor Freude ganz aufgeregt und gehst auf dem Weg dem Geräusch des Wasserfalles nach, der schäumend und in Kaskaden am Ende des Pfades herabfällt. Während du den Pfad entlanggehst, bemerkst du den Ockerton der Erde. Überall wachsen grüne stachelige Palmen aus dem Boden. Sie säumen den ganzen Pfad und bewahren ihn davor, von Wind und Regen ausgewaschen zu werden.

Du bemerkst den Geruch – den satten, sauberen Geruch des Waldes. Die Frische kriecht dir in die Nase, und die Luft, die du durch deine Nase ein- und ausatmest, belebt dich. Deine Augen gewöhnen sich an das Grün um dich herum, und dir fällt plötzlich auf, wieviele verschiedene Grüntöne es da gibt: Manche der grünen Blätter der Bäume sind beinahe gelb, manche tief blaugrün, manche sind flaschengrün wie das Grün des Meeres. Du mußt langsamer gehen, um all die Schönheit um dich her zu erfassen. Du möchtest nichts versäumen, denn dieser Ort ist etwas Besonderes, und du weißt das. Plötzlich betrittst du eine Ebene, die mit Palmen bewachsen ist, vielen, vielen hohen, dünnen Palmen.

Sie sehen aus wie die Stützen eines Pfahlbaus, die ein hölzernes Haus tragen. Es überrascht dich, daß sie alle gleich aussehen – im Regenwald ist sonst nicht so streng geordnet.

Aus der Stille des Busches hörst du das Geräusch von heruntertropfendem Wasser. Du weißt, daß der

Wasserfall nicht mehr weit sein kann. Du freust dich, denn du weißt, daß es nichts Aufregenderes gibt als den Geschmack und das Gefühl des klaren, sauberen Wassers im Überfluß, mit dem du deine Kehle, dein Herz und deine Seele sauberwaschen kannst.

Du erreichst den Wasserfall, und als du auf einem weißen Felsen sitzt, fällt dir das samtige Moos auf, das an der Seite des Felsens wächst, die von der Sonne abgewandt ist. Dir fällt auf, wie grün das Moos ist. Du fängst Wasser mit deinen Händen auf, und du fühlst, wie schön und klar das Wasser ist. Als es deine Kehle hinunterläuft, spürst du, wie es deinen Körper, deinen Geist und dein Herz reinigt. Es nimmt all die Angst mit sich, die du vor irgend etwas in deinem Leben hast, das dich traurig macht. Es wäscht diese Angst einfach weg und läßt sie verschwinden. Wie Zauberei.

Du sitzt auf dem Felsen und läßt deine ganze Angst, deinen Haß, all die schlechten Gefühle, die du in diesem Moment hast, einfach los. Du läßt sie einfach hinabgleiten in das Brausen des Wasserfalls und schaust zu, wie all deine Traurigkeit dich verläßt.

Deine Augen sind geschlossen, und du fühlst dich wieder leicht und glücklich. Du empfindest die Schönheit des Wasserfalls immer noch in deinem Herzen, als du sachte die Augen öffnest und lächelst. Das Bild des üppigen Regenwaldes nimmst du mit in deinen Alltag, und du weißt, daß du immer wieder zu diesem Wasserfall im Regenwald zurückkehren kannst, um dort deine Ängste abzuwaschen.

Die Zauberhöhle der Freunde

Heute ist eine ganz besondere Nacht, denn du wirst eine geheimnisvolle Höhle besuchen. Höhlen sind sehr aufregend, denn sie haben etwas Verzaubertes und Faszinierendes. Es drängt dich, sie zu erforschen, du möchtest wissen, was in der Höhle ist, deshalb freust du dich auf diese Reise und bist aufgeregt.

Du schließt nun deine Augen und entspannst deinen ganzen Körper. Beginne bei deinen Füßen. Du wackelst mit den Zehen und entspannst dich, deine Beine fühlen sich leicht und frei an, dein Körper ist ganz entspannt. Dein Kopf ist frei und ganz leicht, und deine Augen sind ganz friedlich und ruhig.

Du stehst neben einem Felsbrocken, der den Eingang zu einer weißen Höhle verdeckt. Der Eingang ist ungefähr so groß wie eine Haustür. Du gehst durch den Eingang und nimmst die Dunkelheit in der Höhle wahr. Deine Augen gewöhnen sich sofort daran, und du siehst Kristalle, die wie Kronleuchter von der Decke hängen. Es sind blaue und weiße Stalaktiten, und sie glitzern an der Decke wie die Lichter an einem Weihnachtsbaum.

In einer Ecke der Höhle steht ein riesiger Koffer mit großen Scharnieren. Du gehst hinüber zu diesem Koffer, nimmst deine ganze Kraft zusammen und stemmst den Deckel auf. In dem Koffer sind prächtige Juwelen und Edelsteine und wunderbare alte Goldmünzen. Alles glitzert und sieht sehr schön aus.

Du freust dich an den vielen schönen Dingen. Es ist ein tolles Gefühl, etwas im Überfluß zu haben. Du gehst weiter zu einem hellen, strahlenden Feuer und setzt dich an diese Feuerstelle. Ein wunderbarer Geschichtenerzähler sitzt ebenfalls da und erzählt lustige Geschichten. Stell dir vor, alle deine Freunde sind auch bei dir. Alle nebeneinander sitzen sie um das Lagerfeuer und hören dem Geschichtenerzähler zu. Sie sind alle glücklich und freuen sich, zusammen zu sein. Alle lachen. Du spürst die Nähe deiner Freunde und wie schön es ist, gemeinsam zu lachen. Schau dich im Kreis deiner Freunde um und denk an die Gesichter deiner Freunde, ihr Lächeln, ihre Augen, ihre Münder. Denk an jeden von ihnen einzeln.

Ich möchte, daß du fühlst, wie sich dein Herz mit Liebe für all deine Freunde füllt, während ihr so am Feuer sitzt. Stell dir vor, wie die linke Seite deines Brustkorbes angefüllt ist mit der Liebe, die du für deine Freunde empfindest.

Wenn du gerade irgendwelche Probleme mit einem deiner Freunde hast, nutze diesen Platz am Feuer, um wieder gemeinsam zu lachen und Frieden zu schließen. Stell dir vor, wie ihr zusammensitzt und euch wieder sicher und glücklich fühlt.

Stell dir die Sicherheit der Höhle, die Wärme des Feuers, die Wärme deiner Freunde, die Wärme deines Herzens vor, und wenn du mit deinen Freunden ein Problem hast, erinnere dich immer dann daran, daß du einen sicheren Ort hast, an den du dich zurückziehen kannst, um alle Verletzungen, die du fühlst, zu heilen.

Der Strand und das heilende weiße Licht

Der Himmel ist klar und tiefblau, und du sitzt am Strand. Es ist ein wunderschöner Sommertag. Es ist warm, aber nicht heiß, und ein leichter, angenehm kühler Wind streicht dir sanft durch dein Haar, während du dort sitzt.

Du bist hierher gekommen, um alleine zu sein. Deine Familie spielt und entspannt sich ein Stück von dir entfernt. Sie sind nicht weit weg, aber weit genug, daß du alleine sein kannst. Du fühlst dich sicher und warm.

Du siehst den Wellen zu, wie sie an den Strand schlagen, siehst, wie die Brandung eine schaumige Wasserschicht auf dem Sand verteilt. All das hat einen eigenen Rhythmus, und es gibt dir ein warmes und sicheres Gefühl, zuzusehen, wie dieser Rhythmus sich wiederholt und die Wellen immer wieder ans Ufer kommen und zurückschwappen.

Das Wasser ist ganz durchscheinend. Das Blau des Wassers ist kristallklar und sauber. Am Ufer ist es heller und wird dann, je weiter es sich entfernt, immer ein bißchen dunkler.

Du fühlst dich im Frieden mit dir selbst, schließt deine Augen, wackelst mit den Zehen und legst dich zurück in ein warmes Nest, in ein weiches Bett aus weißem, sauberem Sand.

Du liegst in der Wärme des Strandes und stellst dir vor, wie ein ganz klares weißes Licht durch deinen Körper dringt. Es fängt an deinem Kopf an. Dieses weiße Licht erfüllt deinen ganzen Körper. Am Kopf fängt es an und dringt dann langsam durch deinen ganzen Körper. Es erfüllt dein Gesicht, deinen Brustkorb, deine Arme, deinen Magen, deine Beine – bis hinunter zu deinen Zehen. Du fühlst dich ganz entspannt und gereinigt.

Immer wenn du dich krank oder schlecht fühlst, kannst du dich selbst heilen. Du mußt dich nur daran erinnern, dieses saubere, klare, weiße Licht in deinen Körper zu lassen. Es gibt dir ein Gefühl der Leichtigkeit, und du fühlst dich im Frieden mit dir selbst.

Laß das Licht in deinem Körper umherfließen, laß es in deinem Körper hinauf- und hinunterfließen und jeden Teil von dir erwärmen. Du kannst das weiße Licht innerlich und äußerlich fühlen, während die Sonne dich wärmt und du auf dem wunderschönen weißen Strand liegst.

Du bist nun bereit, den Strand zu verlassen, und nimmst das weiße Licht mit dir, wenn du zurück zu deiner Familie gehst.

Die Bibliothek des Lernens

Du schließt deine Augen und fühlst dich entspannt und sehr stark. Du fühlst dich heute sehr gebildet, so als hättest du das Wissen und die Erfahrungen aus vielen Menschenleben in deinem Kopf. Du freust dich darüber, daß du dich so fühlst, denn du bist auf dem Weg zur Bibliothek. Es ist eine ganz besondere Bibliothek, und es gibt dort alles, was du wissen mußt. Dieses Wissen ist einfach zu finden und ganz leicht zu verstehen und zu benutzen.

Bevor du die Tür öffnest, achte auf deinen Atem und wie rhythmisch er ist. Atme tief ein, fülle deine Lungen mit Luft, atme tief und lange ein, erst bis zu deinem Zwerchfell und dann den ganzen Brustkorb hinauf. Nun atme aus, natürlich und langsam. Wiederhole das noch dreimal, atme ohne Anstrengung ein und aus.

Nun öffne die Tür zur Bibliothek. Du bemerkst sofort, daß du alleine bist und daß die Bibliothek ein kleiner und vertrauter Ort ist, den du ganz für dich alleine hast. In der Mitte des Raumes steht ein großer Tisch, der aus sehr altem, dunklem Holz gemacht ist.

Es ist ein warmer, einladender Tisch, und du gehst zu ihm hinüber und setzt dich in einen bequemen Stuhl.

Du schaust dich um und siehst die Regale um dich herum. Sie sind vom Boden bis zur Decke vollgestopft mit Büchern in allen möglichen Größen, Formen und Farben. Es gibt sogar eine lange Leiter, mit der du die oberen Regale, die außer Reichweite scheinen, leicht erreichen kannst. Während du an dem Tisch in der Bibliothek sitzt, bemerkst du, wie dein Gehirn all das Wissen aus den Büchern aufsaugt. Du siehst, wie all die Ideen und Worte aus den Büchern fliegen und von deinem aufsaugenden Gehirn wie magnetisch angezogen werden. Nimm diese Weisheit, dieses Wissen bereitwillig und leicht in dich auf.

Stell dir nun vor, daß du wegen einer Prüfung in dieser Bibliothek sitzt. Du bist auf die Prüfung vorbereitet, und du bist entspannt und ruhig. Eine Lehrerin betritt den Raum und gibt dir freundlich das Aufgabenblatt. Beim Hinausgehen lächelt sie dir beruhigend zu. Du bist sehr zuversichtlich, denn du weißt, du hast all das Wissen und verstehst all die Dinge, die du brauchst, um diese Aufgaben erfolgreich zu lösen und in dieser Prüfung besonders gut abzuschneiden.

Du schließt nun in der Bibliothek deine Augen und siehst vor dir, wie du die beste Note für diese

Aufgaben bekommst, und du siehst, wie deine Lehrerin dich lobt und dir sagt, daß du deine Sache wirklich gut gemacht hast. Öffne nun die Augen in der Bibliothek und fange mit den Aufgaben an. Alles läuft wunderbar, du verstehst alle Fragen, und alle Antworten fallen dir ganz einfach und wie von selbst ein.

Du machst die Aufgaben fertig und freust dich, als die Lehrerin zurückkommt. Du bist sehr zufrieden mit deiner Arbeit.

Schau dich in der Bibliothek um. Du bemerkst, daß in der einen Ecke eine Musikecke ist. Alle möglichen Musikinstrumente stehen dort: ein Klavier, eine Flöte, eine Gitarre, ein Cello, ein Saxophon, eine Geige und auch deine Lieblingsinstrumente – alle schimmern neu und warten nur darauf, von dir gespielt zu werden.

Wenn du ein Instrument spielst oder eines spielen möchtest, dann gehe hinüber in diese Ecke und such dir eines aus. Spiel es mit Freude und Leichtigkeit. Genieße den Klang der Töne, während du jede Note klar und sauber, einfühlsam und bewußt spielst. Bleib in der Musikecke und spiele fehlerfrei, solange du willst. (Seien Sie an dieser Stelle still; wenn das Kind das Spiel auf seinem Instrument genießt, lassen sie es für eine oder zwei Minuten weitermachen, oder solange, bis es unruhig wird.)

74

Du bist nun bereit, die Bibliothek zu verlassen. Aber du weißt, daß du, wenn du gehst, all die Weisheit und das Wissen aus den Büchern, deinen Erfolg in den Prüfungen und dein musikalisches Talent mitnimmst. Atme dreimal tief ein und aus und fülle deine Lungen, eins … zwei … drei. Du fühlst dich wohl und bist zuversichtlich und glücklich.

Über den Wolken fliegen

Schließe sachte deine Augen. Du liegst in deinem Garten auf einem weichen grünen Bett aus frischem Gras. Der Geruch ist süß und sauber, und du stellst dir vor, daß es in deinem Garten geregnet hat. Der Regen hat einen großartigen, vollständigen Regenbogen hinterlassen. Der Bogen verschwindet in deinem Garten, und es sieht so aus, als ob er genau dort aufhören würde – im Garten hinter dem Haus. Seine Farben sind klar und strahlend.

Schau, wie strahlend das Rot ist: Es ist so rot wie ein Feuerwehrauto, stark und durchdringend. Dann kommt Orange, und du siehst, daß es so orange ist wie die ersten Orangen im Winter, eine ganz strahlende und fröhliche Farbe.

Jetzt sieh dir das Gelb genau an. Schau, wie dich die Farbe an die Osterglocken im Frühling erinnert. Die Osterglocken werden von starken grünen Blättern beschützt, damit der Wind ihnen nichts anhaben kann. Dieses Grün ist wie das von den ganz jungen, neuen Blättern an den Bäumen.

Nun schau und fühle die heilende Farbe Blau. Sie

ist wie ein klarer Sommertag, himmelblau, und sie erfüllt dein Herz mit Liebe und Freundlichkeit. Neben diesem Blau siehst du eine andere Art Blau, eine tiefere und stärkere Farbe: Indigo. Es ist eine faszinierende Farbe, und man sieht sie nicht allzu häufig – sie ist wie ein tiefes Violett, aber nicht so kräftig. Dann stell dir einen kleinen Strauß Veilchen vor. Das ist die letzte und zugleich die schönste Farbe in deinem Regenbogen.

Jetzt, wo du die Farben in deine Gedanken und dein Herz aufgenommen hast, stell dir vor, wie du dich vom Boden erhebst und in die Luft schwebst. Du schwebst höher in den Himmel, und währenddessen drehst du dich vorsichtig um und siehst, daß du ungefähr fünfzig Meter über dem Erdboden bist und dich langsam bewegst. Ja, du fliegst. So wie ein sehr eleganter Vogel. Ohne jede Anstrengung. Du mußt nur deine Arme leicht auf und ab bewegen, das ist alles – schon kannst du deine Richtung ändern.

Du gleitest mit Leichtigkeit über deinen Garten. Du siehst, wie schön dein Garten aus der Luft aussieht, wie alles so ordentlich und lebendig wirkt.

Du beschließt, dich weiter umzusehen und entscheidest dich, Afrika zu besuchen. Während du über das Grasland gleitest, siehst du all die Tiere, die du aus Büchern kennst: Elefanten stehen in Gruppen bei ihrem Wasserloch, Leoparden laufen flink durch den Dschungel, Affen – hoch droben in den Bäumen – kratzen sich die Rücken und wickeln ihre Schwänze um die Äste.

Du siehst die große und schlanke Giraffe. Du fliegst um sie herum und siehst ihr orange- oder ockerfarbenes Fell mit den schwarzen Flecken, die ohne bestimmte Ordnung ihren Körper bedecken. Es ist ein wundervolles Gefühl, die Giraffe in deiner Vorstellung sehen zu können. Du fühlst dich stark und frei. Du spürst, daß du alles tun, überall hingehen kannst.

Du verläßt Afrika und beschließt, zum Grand Canyon nach Nordamerika zu fliegen. Seine Schönheit ist atemberaubend. Den Grand Canyon kann man am besten aus der Luft besichtigen, und du nutzt den Vorteil, daß du fliegen kannst und schwebst auf und ab an all den Bergen vorbei, schaust in alle Höhlen, die dem bloßen Auge vom

Boden aus verborgen bleiben. Du kannst sie alle sehr, sehr gut erkennen.

Verwundert betrachtest du die unendlichen Ausmaße des Grand Canyon. Die Täler sind atemberaubend schön und die Berge im Vergleich dazu so riesig und beeindruckend. Du bist vollkommen begeistert.

Du beschließt, die überragende Schönheit des Canyon zu verlassen und – da du ja fliegen kannst – einen Ort aufzusuchen, den du schon immer besuchen wolltest. Das kann ein weit entferntes Land sein oder ein Ort im Nachbarland oder in der nächsten Stadt.

Du möchtest dorthin, um die Gegend zu erforschen, und so fliegst du sachte zu dieser besonderen Stelle. Alles, was du dir zu tun und zu sehen gewünscht hast, kannst du hier tun und sehen. Ich werde nun aufhören zu reden, damit du diesen besonderen Ort ganz für dich alleine besuchen kannst.

(Nach ungefähr zwei oder drei Minuten oder wenn das Kind unruhig wird, können Sie fortfahren zu lesen.)

Nachdem du nun all diese aufregenden Gegenden besucht hast, komm zurück in deinen Garten. Sieh, wie alles in Ordnung ist, genau so, wie du ihn verlassen hast und lande langsam und vorsichtig. Kuschle dich in das weiche Gras und entspanne dich und laß nun alles los, nachdem du dein gewagtes Abenteuer hinter dir hast. Du weißt, daß du

79

jeden Ort im Universum besuchen kannst, indem du selbst dorthin fliegst.

Die rosarote Blase

Stell dir vor, du gehst in deinem Lieblingsgarten spazieren. Alles um dich herum ist sehr farbenprächtig und in Hülle und Fülle vorhanden. Alle Bäume sind gerade und groß gewachsen, das Gras ist frisch gemäht und riecht sauber und grün. Im Gehen bemerkst du, daß alles einen vibrierenden Lichtschein um sich hat. Das ist eine Aura. Die Bäume werden von einem sehr starken weißen Licht umgeben und beschützt. Dir fällt auf, daß die Vögel ein blaues Licht, ungefähr von der Länge deines Fingers, um sich haben. Du kannst dieses blaue Licht nur sehen, wenn du ruhig und zuversichtlich bist. Heute bist du ruhig und zuversichtlich.

Wandere in deinem Garten umher und sieh, daß alle lebenden, wachsenden Dinge in deinem Garten eine bestimmte Art von Aura um sich haben: Manche haben eine starke, klare Farbe, manche ein vibrierendes weißes Licht, manche nur den Hauch eines Schattens, aber alles hat eine Aura. Alles.

Nun leg dich in den Schatten eines Baumes. Schau hinauf in den strahlenden Himmel. Er ist klar und blau und füllt dein ganzes Herz. Die Sonne strahlt, und du bist ganz erfüllt von Wärme und Glück.

Stell dir vor, daß du dich, so wie du daliegst, mit einer rosaroten Blase umhüllst. Sie umschließt deinen ganzen Körper, von vorne und von hinten. Sie ist ungefähr so breit wie deine Hand und umhüllt dich ganz mit einem warmen Glühen. Das ist die rosarote Blase der Liebe, und du kannst dich damit umgeben, wann immer du möchtest.

Wenn du dich auf eine lange Reise begibst und dich sicher fühlen möchtest, umgib dich und das

Auto mit der Blase, und du wirst dich auf deiner Fahrt beschützt fühlen.

Wenn du dein Haus verläßt, um auf Reisen zu gehen, umgib dein Zimmer, deine Sachen und das ganze Haus mit einer rosaroten Blase aus Liebe, und schütze es so, während du weg bist.

Wenn du deine Prüfung abschließt und deinem Lehrer das Blatt abgibst, umgib es mit deiner Blase. Wenn du einen Brief an einen Freund oder einen Verwandten abschickst, schicke ihn mit einer gro-ßen rosaroten Blase aus Liebe.

Wenn du die Dinge, die du magst, mit dieser Blase umhüllst, hilft dir das, jede Angst oder Ängst-lichkeit zu überwinden, die du vielleicht hast. Das funktioniert wirklich!

Nun stell dir deine Familie vor – jeden einzelnen – und umhülle jeden von ihnen mit einer rosaroten Blase. (Geben Sie dem Kind eine Minute Zeit da-für.) Dann stell dir deine Freunde umgeben von so einer Blase vor. (Noch eine Minute an dieser Stelle.) Nun noch eine große Blase um dein Haus, damit in deinem Zuhause alles sicher und glücklich ist.

Während du deine Augen öffnest, weißt du: Wann immer du Angst hast oder dich verletzt fühlst, oder dich einfach sicher fühlen möchtest, kannst du alles, was du brauchst, mit einer rosaroten Blase aus Liebe umhüllen. Und du wirst das Gefühl haben, geliebt und beschützt zu sein.

Dinge erreichen,
von denen man träumt

*Sei nicht zu ängstlich und zimperlich
mit dem, was du tust.
Das ganze Leben ist ein Experiment.*

RALPH WALDO EMERSON

Sich Ziele setzen

Wenn du Tagträumen nachhängst oder über Dinge nachdenkst, von denen du gerne hättest, daß sie geschehen, bist du vielleicht überrascht, zu sehen, daß diese Dinge sehr oft wahr werden. Du kannst diesen Tagträumen nachhelfen, indem du dir Ziele setzt.

Sich Ziele zu setzen kann gemeinsam mit den Phantasiereisen dabei helfen, Träume in die Tat umzusetzen. Und die Tat ist das, was du bereit bist zu tun, um deinen Traum wahr werden zu lassen. Wenn du ein Ziel niederschreibst, aktivierst du einen Teil deines Gehirns, der „Vielen Dank für die schriftliche Anweisung" sagt und dein Verhalten so beeinflußt, daß diese Anweisung umgesetzt werden kann.

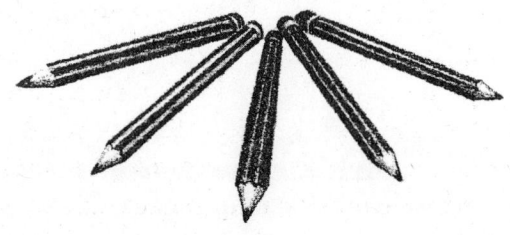

Wenn du einkaufen gehst, nimmst du eine Liste mit, auf der du alle Dinge, die du brauchst, notiert hast. Ein besonderer Teil deines Gehirns organisiert deine Aktivitäten methodisch so, daß du alles, was auf der Liste steht, bekommst. Deshalb ist es wichtig, dein gesamtes Gehirn zu aktivieren, indem du deine Ziele auf ein Blatt Papier schreibst und ausarbeitest, was du tun willst, um diese Ziele zu erreichen. Wenn du zum Beispiel deine Beziehung zu jemandem verbessern willst, wirst du mit dem betreffenden Menschen freundlich sprechen müssen, damit dein Verhalten deinem Ziel entspricht.

Wenn du deine Zeit im 50-m-Sprint verbessern willst, mußt du bereit sein, jeden Tag zu trainieren. Wenn du Cello spielen lernen willst, mußt du daran denken, jede Woche dreimal nach dem Abendessen eine Stunde zu üben.

Es ist auch wichtig, dem Gehirn eine bestimmte Menge Zeit zu geben. Indem du dir einen Termin setzt, zu dem du dein Ziel erreicht haben willst, aktivierst du den Teil deines Gehirns, der es gern hat, wenn man ihm eine Frist setzt. Wann hast du deine Aufgaben erledigt? Wann hast du deinem Freund gesagt, daß du vorbeikommen würdest? Normalerweise setzt du oder dein Lehrer dir eine Frist, zu der eine Aufgabe erledigt sein soll. Und normalerweise läuft es darauf hinaus, daß du sie zu diesem Termin erledigst. Deshalb gibst du dir selbst die beste Chance, ein Ziel zu erreichen, wenn du dir einen Zeitrahmen setzt.

Manchmal ist es schwierig, sich vorzustellen, wie lange etwas dauern wird. Es hilft dir dann vielleicht, dir deinen eigenen Kalender zu machen. Versuche, ihn so zu gestalten wie einen Adventskalender, der rückwärts bis zu dem besonderen Zeitpunkt zählt, den du dir gesetzt hast. Anstatt auf Weihnachten hinzuzählen, zähle vom Beginn deiner Phantasiereise zu dem Termin, an dem du dein Ziel erreicht haben möchtest.

Halte dir in deinem besonderen Kalender Termine frei, um regelmäßig deine Ziele zu überprüfen und um jede Nacht deine Phantasiereisen machen zu können. Füge auch ein paar Höhepunkte und spannende Dinge ein: Wie wirst du es feiern, wenn du die halbe Strecke geschafft hast? Laß dir ein oder zwei Freiflächen, denn vielleicht passiert etwas, das du gerne aufschreiben möchtest. Laß dir auch am Ende ein Feld frei, in dem du deine Fortschritte überprüfen kannst, denn vielleicht möchtest du ja eine Änderung vornehmen. Das ist dein Kalender – mach das Beste daraus!

Du hast bestimmt viele Ziele, viele Träume, von denen du dir wünschst, daß sie wahr werden. Denk einen Moment nach. Wenn du dir eine Freundschaft mit jemand Bestimmtem wünschst, schreib dir den Namen der Person auf und auch, wie du dir das Verhältnis zu ihr vorstellst. Wärst du gerne besser in der Schule oder im Singen oder im Schwimmen? Oder vielleicht möchtest du mutig genug sein, um alleine zum Schulbus zu gehen? Alles, was du willst, alles, was du erreichen möchtest, kann ein Ziel werden.

Kylies Ziele

Kylie war ein sehr schüchternes, unbeholfenes Mädchen, das einfach nur eine beste Freundin wollte. Aber es fiel Kylie schwer, Freunde zu finden. Eines Tages begann sie auf dem Schulweg mit Jodie zu reden, und sie fanden heraus, daß sie beide Pferde liebten. Es war diese gemeinsame Leidenschaft, die Kylie dazu brachte, in dieser Nacht ihr Zielebuch hervorzuholen und zielgerichtet zu träumen.

Kylie wollte Jodies Freundin sein, deshalb schrieb sie ihren Namen auf. Dann notierte sie, was für eine Art von Freundschaft sie sich wünschte und wie sie glaubte, diesen Traum verwirklichen zu können. Außerdem schrieb auch auf, wie lange es wohl dauern würde.

Es ist sehr wichtig, aufzuschreiben, was du tun wirst oder was du bereit bist zu geben, um dein Ziel zu erreichen, denn ohne diesen Schritt geht es nicht.

Kylie schrieb ihre Ziele auf, außerdem, wie sie sie erreichen und wie lange es dauern würde. Dann malte sie ein Bild davon.

Ziel und gemaltes Bild des Zieles	Was will ich tun, um mein Ziel zu erreichen?	Wann möchte ich mein Ziel erreichen?
Ich möchte, daß Jodie mich mag und daß wir beide Freundinnen werden	• Ich werde immer freundlich mit ihr reden • Ich werde mir jeden Abend vorstellen, wie ich mit ihr zusammen glücklich in meiner Höhle spiele	nächste Woche

Kylie und Jodie wurden gute Freundinnen.

Wie man sich Ziele setzt

Um dir ein Ziel zu setzen, mußt du sehr genau darüber nachdenken, wie dein Leben sein soll, was in deinem Leben passieren soll. Dann schreib diese Ziele in der Reihenfolge, in der du sie erreichen willst, auf ein Blatt Papier.

Deine Ziele aufschreiben ist einfach, aber manchmal brauchst du vielleicht ein bißchen Hilfe. Wenn du möchtest, rede mit einem Freund oder einem Erwachsenen darüber, der etwas vom Zielesetzen versteht, und bitte ihn, dir zu helfen. Hier sind ein paar einfache Schritte, die dir helfen werden, deine Zielsetzungsliste vorzubereiten und Phantasiereisen dafür zu benutzen, deine Träume wahr werden zu lassen.

Finde einen ruhigen Ort, an dem du über all die schönen Dinge, von denen du dir wünschst, daß sie geschehen, nachdenken kannst.

Denke darüber nach, wie du jeden Bereich deines Lebens gerne hättest. Was für schöne Dinge fallen dir ein, die passieren sollen? Was würdest du gerne lernen? Das sind ganz allein deine Träume.

Schreib deine Träume in deiner Zielsetzungsliste auf. Das sind jetzt deine Ziele.

Entscheide was du tun mußt, um jedes deiner Ziele zu erreichen. Was wirst du tun, um da hinzukommen? Halte diese Aktivitäten in deiner Zielsetzungsliste fest.

Schreib auf, zu welchem Zeitpunkt du jedes deiner Ziele erreicht haben willst. Das kann morgen sein, nächste Woche oder im nächsten Jahr. Vielleicht möchtest du auch lieber andere Arten der Zeiteinteilung verwenden – wie wär's mit deinem Geburtstag, vor Weihnachten oder jedem anderen Zeitpunkt, der für dich Bedeutung hat.

Zeichne ein Bild von deinem Ziel. Das Zeichnen deines Zieles ist wichtig, denn so kannst du leichter erkennen, was du wirklich willst. Wenn du dir, so wie Kylie, einen besonderen Freund wünschst, dann zeichnest du zum Beispiel ein Bild von dir und deinem Freund, wie ihr euch lächelnd umarmt und gute Freunde seid.

Lies dir deine Ziele einmal am Tag laut vor. Das hilft dabei, sie wahr werden zu lassen.

Stell dir deine Ziele vor. Schließe deine Augen, wenn du abends schlafen gehst, und geh an deinen besonderen Ort, deinen Garten, deine Höhle, dein Flußufer oder deinen Strand und stell dir so lebendig du kannst vor, wie alles, was du dir vorgenommen und aufgeschrieben hast, wahr wird.

Gratuliere dir zu dem, was du bisher erreicht hast. Fühl dich gut mit deinen Erfolgen.

Überprüfe deine Ziele jeden Monat.

Was man beim Zielesetzen nicht vergessen sollte

Wenn du deine Ziele erreichen willst, ist es wichtig, nett zu anderen und zu dir selbst zu sein. Wenn du nett zu anderen bist, macht das aus der Welt einen sehr schönen Ort, denn es macht die Leute, zu denen du nett bist, glücklich. Und sie sind dann wiederum zu anderen Leuten nett. Du siehst also, es geht im Kreis herum und kommt schließlich wieder zu dir zurück.

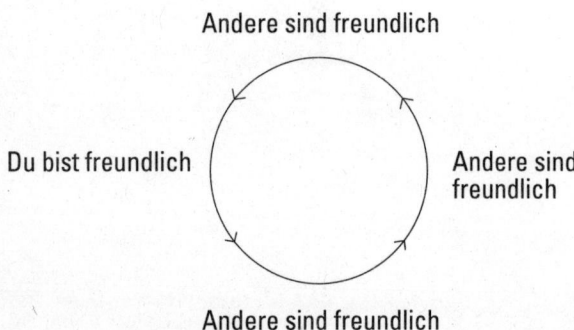

Natürlich hast du auf manche Dinge keinen Einfluß. Wenn jemand gestorben oder weggegangen ist, dann kann derjenige nicht zurückkommen.

Auf die meisten Dinge hast du aber Einfluß. Du kannst beeinflussen, wie du dich fühlst und wie du dich anderen gegenüber fühlst; du kannst die Noten ändern, die du in den verschiedenen Fächern in der Schule bekommst, oder du kannst verändern, was du im Sport erreichst. Du kannst dein Verhältnis zu deiner Mutter oder zu deinem Vater, deiner Stiefmutter oder deinem Stiefvater ändern.

Sandys Geschichte

Vor kurzem half ich Sandy, einem jungen Mädchen, ihre Ziele zu setzen und ihren Aktionsplan zu entwerfen (das ist die Spalte „Was will ich tun, um mein Ziel zu erreichen" auf der Zielsetzungsliste). Es fiel ihr sehr schwer, mit ihrem Stiefvater auszukommen. Ihr Stiefvater war nicht, weil sie es so wollte, sondern weil ihre Mutter es so wollte, in ihre Familie gekommen. Er glaubte, er hätte das Recht, ihr zu sagen, was und wann sie bestimmte Dinge zu tun hätte und nahm ihre Mutter fast die gesamte Zeit in Anspruch. Deshalb blieb nur wenig Zeit, die die Mutter mit ihr verbringen konnte. Er war immer schlecht gelaunt, vor allem, wenn er von der Arbeit nach Hause kam. Er war Krankenwagenfahrer, und wenn er abends heimkam, war er immer sehr kurz angebunden und schubste Sandy weg. Er sagte ihr, sie solle in ihr Zimmer gehen und er wolle eine Weile allein sein, ohne die Kinder.

Gegenüber allem, was sie für ihn oder ihre Mutter tat, war er sehr kritisch. Es schien, als könnte man es ihm nie rechtmachen. Sandy beschloß, sich bezüglich ihres Stiefvaters ein Ziel zu setzen und zu überlegen, was sie einsetzen wollte, um es zu erreichen. Tief in ihrem Herzen wußte sie, daß alles nur noch schlimmer werden würde, wenn sie wegen ihres Verhältnisses nichts unternähme. Ein tapferes Mädchen! Und sie hat folgendes getan: Sie glaubte fest daran, daß das, was sie bereit war zu geben, ihr Verhalten so verändern würde, daß sie in der Lage wäre, das Verhältnis mit ihrem Stiefvater positiv zu beeinflussen.

Sandys erstes Ziel

Ziel und gemaltes Bild des Zieles	Was will ich tun, um mein Ziel zu erreichen?	Wann möchte ich mein Ziel erreichen?
Ich möchte mit meinem Stiefvater gut auskommen	• Abstand von der Situation bekommen, wenn ich kritisiert werde; loslassen und nicht zurückschimpfen • anbieten, mehr im Haus zu helfen; die erste sein, die Hilfe anbietet • mich aus den Streitigkeiten, die	Dieses Jahr zu Weihnachten

Ziel und gemaltes Bild des Zieles	Was will ich tun, um mein Ziel zu erreichen?	Wann möchte ich mein Ziel erreichen?
	die anderen Kinder mit ihm haben, heraushalten und es sie unter sich ausmachen lassen • mit dem Haß, den ich in meinem Kopf für ihn empfinde, aufhören und mir vorstellen, daß ich ihn mag und gut mit ihm zurechtkomme	

Als ich das letzte Mal mit Sandy sprach, schien sie ein ganz neuer Mensch zu sein. Ihre Haltung war aufrechter, ihr Selbstvertrauen hatte sich gesteigert, alles an ihr war reifer geworden. Sie strahlte. Ja, sie hatte ihr Verhältnis zu ihrem Stiefvater verbessert. Er hatte immer noch manchmal schlechte Laune und war gereizt, sagte sie, aber er zeigte ihr gegenüber viel mehr Respekt, Sorge und Interesse.

Sie freute sich sehr über die Verbesserungen in ihrem Verhältnis zu ihrer Mutter. Ihre Mutter hatte bemerkt, wie sehr sie ihre Haltung geändert hatte und war sehr stolz und dankbar für die Unterstützung ihrer Tochter. Irgendwie waren sie Verbündete und Freunde geworden, und das machte Sandy sehr glücklich.

Sandy zeigte ihrer Mutter ihr Zielsetzungsblatt, und sie beschlossen, alle vier Wochen gemeinsam Ziele zu setzen, diese Ziele zu überprüfen und sie regelmäßig neu zu setzen. Wenn es bei dem Verhältnis von Sandy zu ihrem Stiefvater geholfen hatte, dann würde es mit jedem anderen Ziel ebenfalls funktionieren. Daran glaubten sie fest.

Ziele überprüfen

Du mußt deine Ziele jeden Monat überprüfen, denn vielleicht brauchst du ein bißchen mehr Zeit oder mußt einen anderen Weg ausprobieren.

Als Sandy ihre Liste an Weihnachten überprüfte, bemerkte sie, daß sie ihren Aktionsplan – „Was will ich tun, um mein Ziel zu erreichen" – ändern mußte. Sie machte Fortschritte mit ihrem Stiefvater, aber es war sehr schwierig, sich ihm gegenüber wirklich anders zu verhalten als bisher. Sie beschloß, es folgendermaßen anzugehen:

Sandys überprüfte Ziele

Ziel und gemaltes Bild des Zieles	Was will ich tun, um mein Ziel zu erreichen?	Wann möchte ich mein Ziel erreichen?
Ich werde ein positives Verhältnis zu meinem Stiefvater haben	• mir jede Nacht mein positives Verhältnis zu meinem Stiefvater vorstellen • meinen Stiefvater in Gedanken und mit Taten unterstützen • die Beziehung zwischen meiner Mutter und ihm respektieren • die Vergangenheit sein lassen und mich auf eine bessere Zukunft freuen • mir unsere Familie glücklich und harmonisch vorstellen	zu meinem Geburtstag im April

Du siehst, ihre Ziele waren nicht unrealistisch – sie hatte sich lediglich einen etwas unrealistischen Zeitrahmen gesetzt.

Bobbys Ziele

Bobbys Zielsetzungsliste funktionierte gut. Er war zufrieden mit seinen Zielen und fing an, sich in der Schule selbstsicherer zu fühlen. Als er sich seine Zielsetzungsliste nach einiger Zeit noch einmal anschaute, sah er, daß er sie jetzt genauer fassen und leichter ausarbeiten konnte.

Ziel und gemaltes Bild des Zieles	Was will ich tun, um mein Ziel zu erreichen?	Wann möchte ich mein Ziel erreichen?
Ich wäre gern besser in der Schule	• Ich werde mich in der Schule mehr anstrengen • Ich werde mir jede Nacht vor dem Schlafengehen vorstellen, wie ich in meiner Bibliothek des Lernens gut in der Schule bin	am Ende des ersten Halbjahres

Er veränderte seine Ziele, um sie genauer zu fassen. Dann dachte er darüber nach, wie lange es dauern würde, bis seine Träume wahr würden und setzte sich schließlich einen neuen, realistischeren Zeitrahmen.

Ziel und gemaltes Bild des Zieles	Was will ich tun, um mein Ziel zu erreichen?	Wann möchte ich mein Ziel erreichen?
Ich würde gerne die Worte verstehen, die ich in Büchern lese	• jeden Abend ein zusätzliches Buch mit meinem Vater lesen	bevor das zweite Halbjahr anfängt
Ich würde gern in Mathe besser werden, so daß ich alle meine Hausaufgaben machen kann	• öfter bei der Lehrerin nachfragen	am Ende des ersten Halbjahres
Ich würde gern in den Prüfungen eine 1+ bekommen	• mir jede Nacht vor dem Einschlafen in meiner Bibliothek des Lernens vorstellen, daß ich in meinen Prüfungen gut abschneide	für die Zeugnisse im zweiten Halbjahr

Du bist dran

Nun bist du an der Reihe! Was wünschst du dir? Was soll dir passieren? Schreib deine Ziele auf. Wenn du besser in der Schule sein willst, dann schreib genau auf, wie du dich verbessern möchtest und was du gerne tun möchtest, damit es geschieht. Hier sind ein paar Beispiele für mögliche Ziele:

Notiere hier deinen Namen _____

Ziel und gemaltes Bild des Zieles	Was will ich tun, um mein Ziel zu erreichen?	Wann möchte ich mein Ziel erreichen?
Ich möchte in der Schwimmannschaft der Schule mitschwimmen	• jeden Morgen trainieren gehen • zum Schwimmbad in meinem Garten gehen und mir vorstellen, wie ich mein Wettschwimmen bei den Schulwettkämpfen gewinne	zur Mitte des Schuljahres

Ziel und gemaltes Bild des Zieles	Was will ich tun, um mein Ziel zu erreichen?	Wann möchte ich mein Ziel erreichen?
Ich möchte Cello spielen	• das Cello aus dem Musikraum ausleihen und meine Stücke üben • meine Bibliothek des Lernens besuchen und dort jeden Abend Cello spielen	zum Konzert am Ende des Schuljahrs
Ich möchte auf meinem Fahrrad fahren können	• jeden Tag üben • es mir jeden Abend in meinem Garten vorstellen	nächste Woche
Ich möchte in der Theateraufführung der Schule eine Rolle spielen	• mich für eine Rolle bewerben und jeden Tag üben • mir jede Nacht das Stück mit mir in der Hauptrolle vorstellen	zum Ende des Schuljahres
Ich möchte klar und fließend sprechen können	• morgens meine Sprechübungen machen • mir in meinem Garten vorstellen, wie ich vor der Klasse spreche	nach Weihnachten

Deine Ziele

Schreib deine Ziele auf diese speziell dafür vorbereitete Seite.

Denk daran:
- Dein Name
- Ziel und gemaltes Bild des Zieles
- Was willst du tun, um dein Ziel zu erreichen?
- Wann möchtest du dein Ziel erreichen?

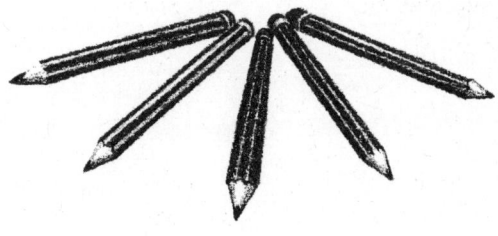

Jetzt bist du bereit, deine Träume wahrwerden zu lassen.

Ziel und gemaltes Bild des Zieles	Was will ich tun, um mein Ziel zu erreichen?	Wann möchte ich mein Ziel erreichen?

Ziel und gemaltes Bild des Zieles	Was will ich tun, um mein Ziel zu erreichen?	Wann möchte ich mein Ziel erreichen?

Zeichne dein Ziel hier:

Zeichne dein Ziel hier:

Dein eigenes Traumparadies

Ich reise durch mein Leben,
schwimme im Strom und sammle viel
Vergängliches; Leute, Orte und Dinge.
Das eine, das ich mit mir nehmen werde,
wenn es Zeit ist, den Strom zu verlassen,
wird nichts Vergängliches sein,
sondern meine Tasche voller Träume.

KARL BETTINGER

Träume weiter

Denke über deine Ziele nach, kurz bevor du abends einschläfst und auch wieder am Morgen, gleich nach dem Aufwachen. Je mehr du über deine Ziele nachdenkst, um so eher werden sie wahr. Sieh dich mit deinem Freund, stell dir vor, wie du einen Preis fürs Schwimmen oder fürs Lesen gewinnst. Stell dir vor, wer dabei noch anwesend ist. Stell dir das ganze Bild genau vor. Stell es dir so vor, wie du es gerne hättest und gestalte es so aufregend und farbenprächtig, wie du nur kannst.

Phantasiereisen sind ein sehr wichtiger Teil des Zielesetzens. Mach die Übungen am Anfang des Buches, eigne sie dir an und füge ihnen deine eigenen Ideen und Ziele hinzu. Oder erschaffe dir deinen eigenen besonderen Ort für deine Ziele.

Wenn du einen Garten (oder einen anderen besonderen Ort) hast, zu dem du in deiner Vorstellung gerne gehst, dann mal ein Bild davon.

Denk daran, daß du dir immer schöne und positive Ziele und einen glücklichen Ort suchst, an dem du wunderbare Dinge lernen kannst. So hast du immer einen wunderschönen Ort, den du besuchen kannst – jeden Abend kurz vor dem Schlafengehen.

Rudere, rudere, rudere dein Boot,
Sachte den Fluß hinunter.
Lustig, lustig, lustig,
Das Leben ist nur ein Traum.

Lob für „Die Traumschaukel"

Ich habe gelernt, mir vor dem Einschlafen eine
Bibliothek vorzustellen und wie all das Wissen, die
Geschichten und Informationen in meinen Kopf
fließen. Ich weiß, daß ich besser in der Schule bin
und besser mit meinen Lehrern auskomme, seit ich
mir das vorstelle.

William,
8 Jahre

Wenn ich in meinen verzauberten Garten gehe und
von meinen Zielen träume, weiß ich, daß mir nichts
passieren kann.

Lauren,
6 Jahre

Man kann das Setzen von Zielen mit einem Baum
vergleichen; bei unserer Reise durch das Leben werden Phantasiereisen unser starker Stamm. Wenn
wir erwachsen werden, sammeln wir Wissen und
Erfahrungen, das sind die Äste. „Die Traumschau-

kel" ist ein Buch, das Kindern hilft, im Leben einen starken Stamm zu entwickeln.

Janet Vallin

Schwimmen war für mich etwas, das ich als Kind getan habe. Als ich mich als Erwachsene dazu entschloß, wieder mit dem Schwimmen anzufangen, vertraute ich meinen Fähigkeiten und zweifelte nie daran, daß ich Erfolg haben würde. Mit einem Ziel und einem Glauben – und viel Entschlossenheit – sind den Ergebnissen, die ich erzielen kann, keine Grenzen gesetzt. Ich kann es schaffen. Dieses Buch wird allen jungen Leuten helfen, ihre Ziele und Träume zu erreichen.

Donna Dalzell,
Goldmedaillengewinnerin bei
den Weltmeisterschaften

Gemeinsame ausgehandelte Ziele sind sehr wichtig für junge Menschen, denn sie geben ihnen die Zuversicht, daß sie etwas erreichen können. Gleichzeitig ist Träumen sehr wichtig, denn im Traum gibt es keine Beurteilungen, so daß man ohne Beweis glauben kann.

Vicki Waters, Konrektorin
einer Mädchenschule

120

Entscheide über deine Richtung. Glaube an deine Ziele und ein Vorgehen Schritt für Schritt. Letzten Endes geschieht nichts, ohne daß du es dir vorher vorstellst, dir ausmalst, wie du dein Ziel erreichst.

June Dally-Watkins

Phantasiereisen

Norbert Gürtler / Doro Kammerer
Stillwerden und entspannen
Übungen und Vorlesegeschichten zum Autogenen Training
für Kinder
Band 4671

Kinder brauchen in der Hektik ihrer Alltagswelt Ruhe und Gelassenheit.
Diese Ruheübungen und Phantasiereisen vermitteln Kindern wie von
selbst die Kraft der guten und mutigen Gedanken.

Günter Harnisch
Wie Kinder innerlich zur Ruhe kommen
Phantasiereisen für Kinder mit ihren Eltern
Band 4660

Auf den 50 hier beschriebenen Phantasiereisen erleben Kinder Bilder
und Vorgänge, die sie tief in der Seele berühren und ihnen helfen, ihren
Platz im Leben zu finden.

Theo Schoenaker / Britta Seeler-Kreimeyer (Hrsg.)
Die Antwortfee und andere Ermutigungsgeschichten
Märchen und Geschichten nach Rudolf Dreikurs
Band 4647

Kinder brauchen oft nur eine kleine Ermutigung, um sich neuen
Aufgaben zu stellen oder Probleme zu lösen. Geschichten, die Kindern
Mut und Vertrauen in die eigenen Fähigkeiten schenken.

Karin Dörner
Auf einmal geht alles wie von selbst
Vorlesegeschichten zum Trösten und Mutmachen
Band 4553

Kinderseelen sind verletzlich. Geschichten zum Vorlesen, die auf die
Ängste und Unsicherheiten eingehen, die Kinder erleben.

Helga Hoff
Märchen geben Kindern Mut
Ein Buch zum Vorlesen, Malen, Spielen
Band 4385

Die kompetente Pädagogin lädt mit ihren Spielmärchen Kinder ein, der
verunsichernden – weil für sie unverständlichen – Welt zu entkommen.

HERDER / SPEKTRUM

Lernen macht Spaß

Christina Buchner
Kluge Kinder fallen nicht vom Himmel
Was Eltern alles tun können
Band 4573
Was zu welchem Zeitpunkt wichtig und richtig ist, zeigt Christina
Buchner an vielen praktischen Beispielen, Tips und Übungen.

Ingeborg Becker-Textor
Was in Kindern alles steckt
Begabungen entdecken und fördern –
Anleitungen nach Maria Montessori
Band 4561
Ein praktischer Ratgeber.

Heiner Barz
Kindgemäßes Lernen
Was die Waldorfschule anders macht
Band 4466
Kreatives Lernen, das den Kindern Freude macht: Der Erziehungs-
wissenschaftler und ausgebildete Waldorflehrer Heiner Barz erklärt
das Konzept der Waldorfschule.

Maria Montessori
Lernen ohne Druck
Schöpferisches Lernen in Familie und Schule
Band 4371
Ein Buch, das zeigt, wie Kinder selbst entscheiden und gut vorankom-
men können.

Roswitha Defersdorf
Ach, so geht das!
Wie Eltern Lernstörungen begegnen können
Band 4243
Damit die Lust am Lernen nicht zum Frust wird: Erprobte Hinweise,
wie Eltern ihrem Kind helfen können, Lernblockaden abzubauen.

HERDER / SPEKTRUM

Maria Montessori
Wie Lernen Freude macht
Kreativ mit Montessori-Materialien umgehen
Herausgegeben von Ingeborg Becker-Textor
Band 4707
Ein Buch mit vielen praktischen Tips: Für alle, die Kindern die Freude
am Lernen spielerisch vermitteln wollen.

Marianne Scholl
Spaß beim Lernen
Bessere Konzentration mit Yoga und Kinesiologie
Band 4681
Einfache Bewegungen bringen das Denken und die Konzentration
in Fluß. Damit macht das Lernen Spaß.

Sabine Seyffert
Entspannte Kinder lernen besser
Vor dem Lernen erst den Streß beseitigen –
Übungen, Geschichten, Tips
Band 4637
Konzentrationsschwierigkeiten, Ängste, ungelöste Konflikte sind
die häufigsten Auslöser von Lernproblemen. Entspannungsübungen,
die Spaß machen und Kindern helfen, besser zu lernen.

Maria Montessori
Wie Kinder zu Konzentration und Stille finden
Hrsg. von Ingeborg Becker-Textor
Band 4597
Elementar, tief und praktisch: Übungen, die Kindern helfen, sich zu
konzentrieren und die positive Wirkung der Stille zu erleben.

Edith-Maria Soremba
Legasthenie muß kein Schicksal sein
Was Eltern tun können, um ihren Kindern zu helfen
Band 4350
Schreib- und Leseschwächen sind häufig die Ursache für Versagen in der
Schule. Hier wird gezeigt, wie man das angeschlagene Selbstbewußtsein
des Kindes aufbauen kann, damit es wieder Spaß am Lernen gewinnt.

HERDER / SPEKTRUM

Rebeca Wild
Kinder wissen, was sie brauchen
Hrsg. von Lienhard Valentin
Band 4605
Wie Eltern umdenken können: Um ihre Anlagen zu entwickeln und glücklich zu sein, brauchen Kinder viel weniger, als Erwachsene oft denken.

Richard Woolfson
Kinder und ihre Körpersprache
Wie Eltern die Körpersignale von Babies und Kindern besser verstehen
Band 4604
Eine Anleitung für Eltern, auch mit den Augen zu hören: Ein Muß für alle, die Kinder besser verstehen wollen.

Daniela Blickhan
Nerv nicht so, Mama!
Wie Eltern sich und ihren Kindern mit NLP helfen können
Band 4535
Schwierige Kinder gibt es nicht! Es gibt jedoch schwierige Situationen. NLP hilft, die Kinder besser zu verstehen.

Patricia Aden
Autogenes Training mit Kindern und Jugendlichen
Ein praktischer Leitfaden für Eltern und Erziehende
Band 4512
Wie Kinder seelischen Streß und auch körperliches Unbehagen bewältigen und das Gelernte in den Alltag mitnehmen können

Karin Dörner/Christiane Nebel/Alexander Redlich
Geschichten für gestreßte Kinder
Vorlesegeschichten zum Entspannen und Mutigwerden
Band 4362
Im Miterleben dieser Abenteuer- und Alltagsgeschichten lernen Kinder, wie sie sich entspannen und mutig an ihre Probleme herangehen können.

HERDER / SPEKTRUM